1 Writing l

■ Read the word aloud and trace the letters.

Name

Date

To parents
Write your child's name and the date in the boxes above. When your child completes each exercise, please offer lots of praise.

l   L l   lion

| a | b | c | d | e | f | g | h | i | j | k | l | m | n | o | p | q | r | s | t | u | v | w | x | y | z |

■ Read the words aloud and trace the letters.

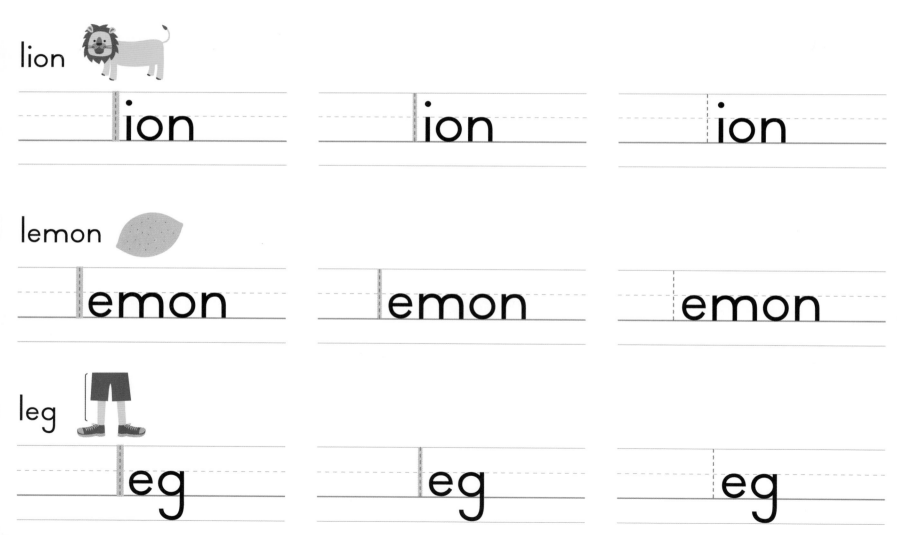

lion

ion   ion   ion

lemon

emon   emon   emon

leg

eg   eg   eg

2 **Writing t**

Name

Date

■ Read the word aloud and trace the letters. Follow the order of the numbers.

t   Tt   tomato

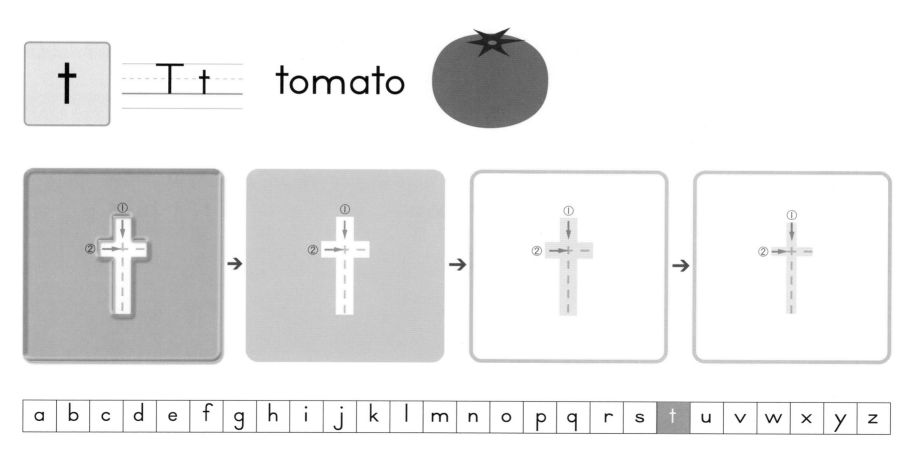

| a | b | c | d | e | f | g | h | i | j | k | l | m | n | o | p | q | r | s | t | u | v | w | x | y | z |

■ Read the words aloud and trace the letters. Follow the order of the numbers.

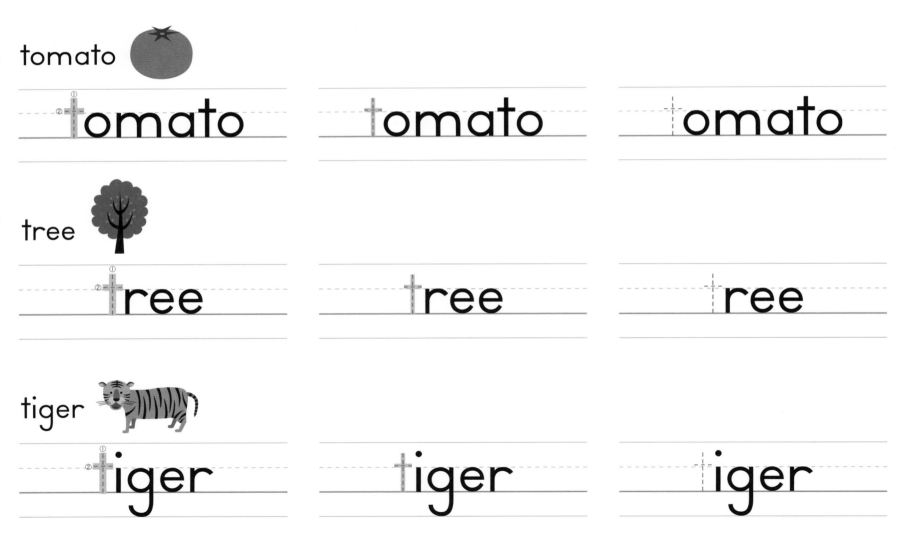

tomato

tomato tomato tomato

tree

tree tree tree

tiger

tiger tiger tiger

4

3 Writing i

Name

Date

■ Read the word aloud and trace the letters. Follow the order of the numbers.

i   Ii   ice

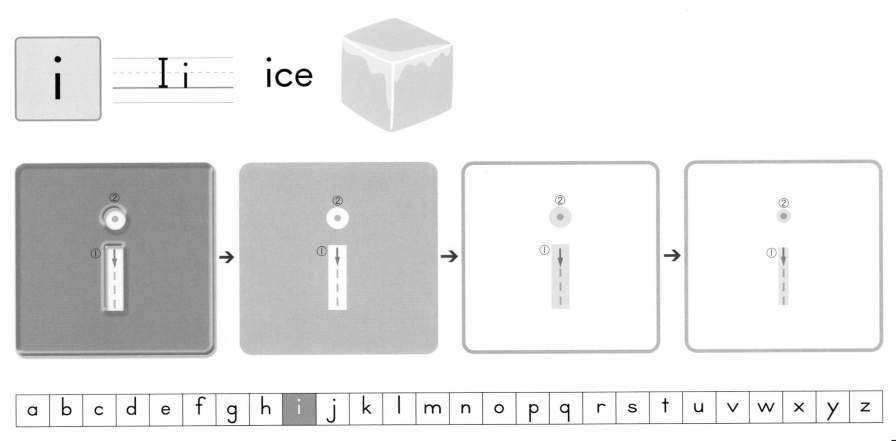

| a | b | c | d | e | f | g | h | i | j | k | l | m | n | o | p | q | r | s | t | u | v | w | x | y | z |

■ Read the words aloud and trace the letters. Follow the order of the numbers.

ice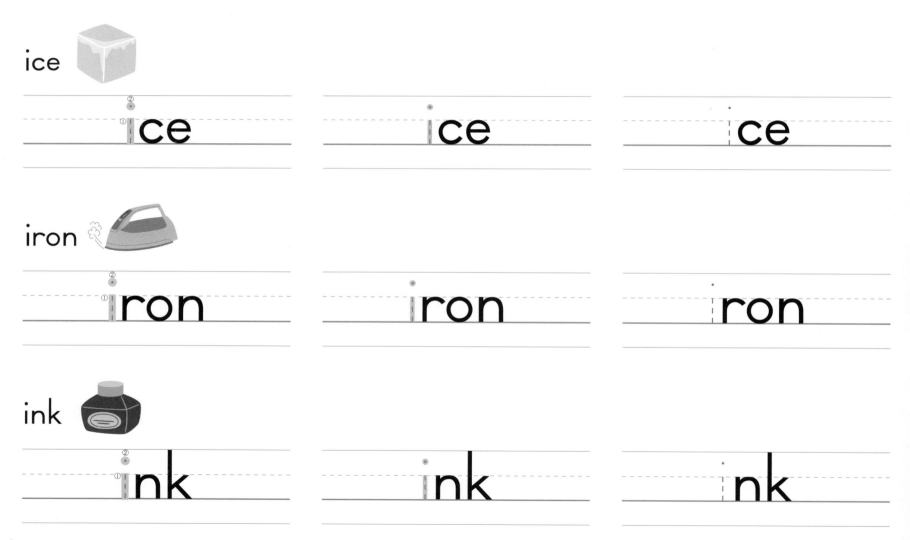

ice

ce

ce

iron

ron

ron

ron

ink

ink

ink

nk

4 Writing j

■ Read the word aloud and trace the letters. Follow the order of the numbers.

j   J j   jam

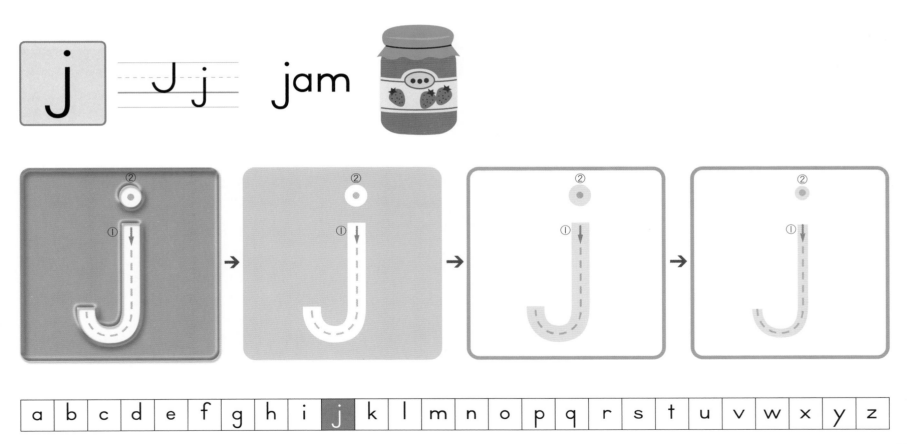

| a | b | c | d | e | f | g | h | i | j | k | l | m | n | o | p | q | r | s | t | u | v | w | x | y | z |

■ Read the words aloud and trace the letters. Follow the order of the numbers.

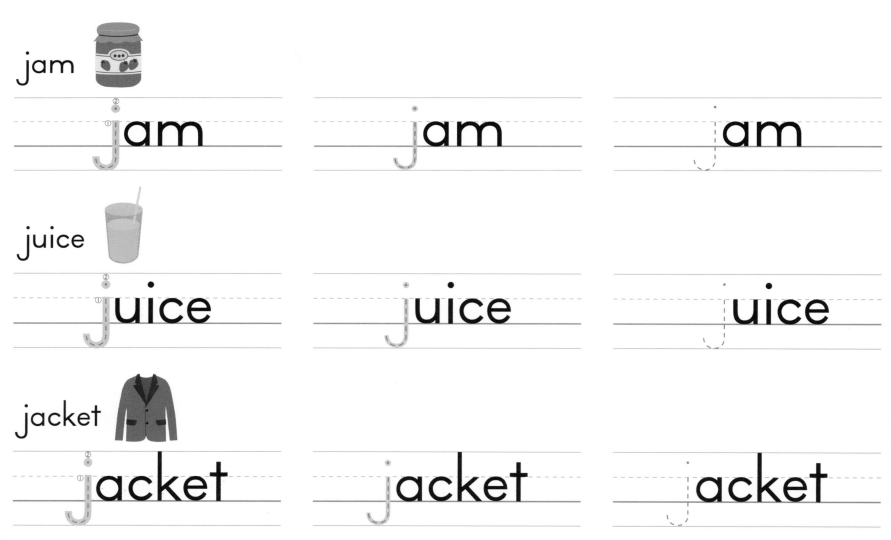

jam
jam jam jam

juice
juice juice juice

jacket
jacket jacket jacket

5

Writing f

■ Read the word aloud and trace the letters. Follow the order of the numbers.

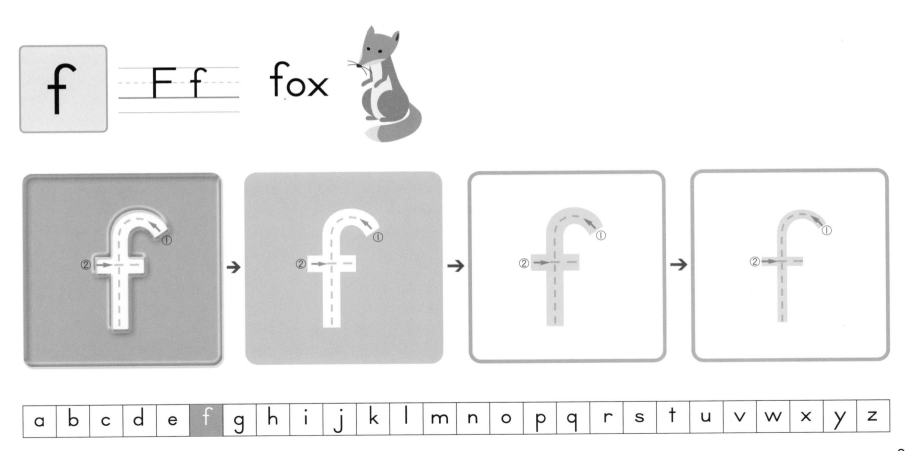

f   F f   fox

| a | b | c | d | e | f | g | h | i | j | k | l | m | n | o | p | q | r | s | t | u | v | w | x | y | z |

■ Read the words aloud and trace the letters. Follow the order of the numbers.

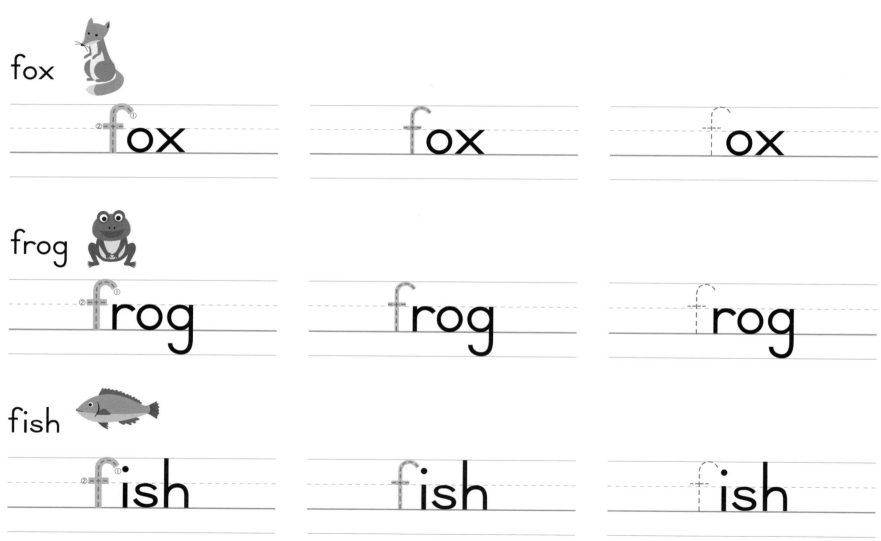

fox

frog

fish

6 Writing v

■ Read the word aloud and trace the letters.

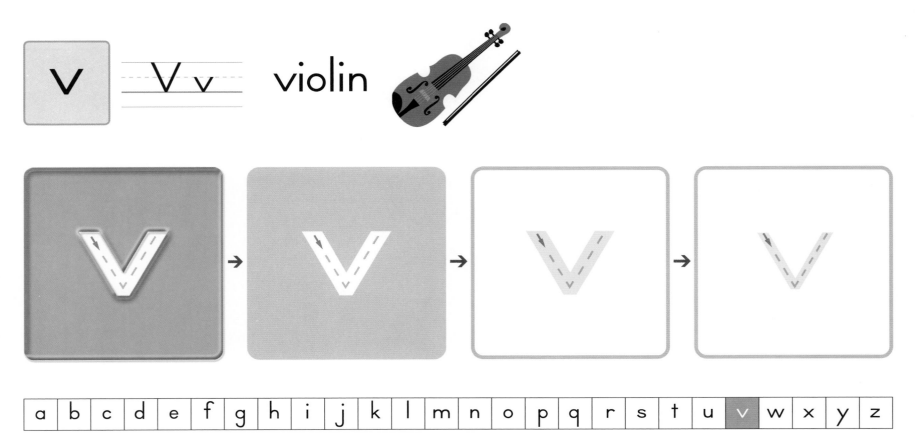

v   V v   violin

a b c d e f g h i j k l m n o p q r s t u **v** w x y z

■ Read the words aloud and trace the letters.

violin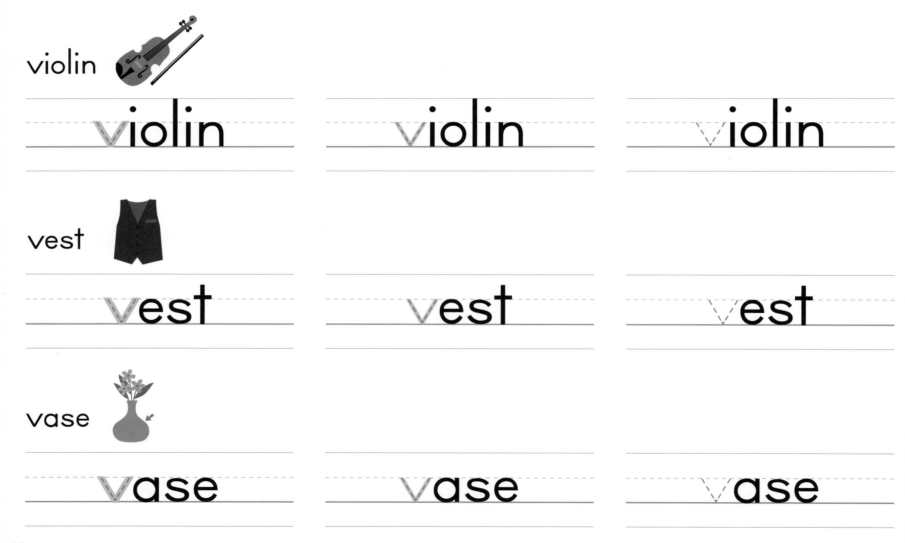

violin   violin   violin

vest

vest   vest   vest

vase

vase   vase   vase

Review: Writing l, t, and i

■ Read the words aloud and trace the letters.

lion

ion

lemon

emon

leg

eg

tomato

omato

tree

ree

tiger

iger

ice

ce

iron

ron

ink

nk

Review: Writing j, f, and v

■ Read the words aloud and trace the letters.

jam

jam

juice

juice

jacket

jacket

fox

fox

frog

frog

fish

fish

violin

violin

vest

vest

vase

vase

8 Writing w

■ Read the word aloud and trace the letters.

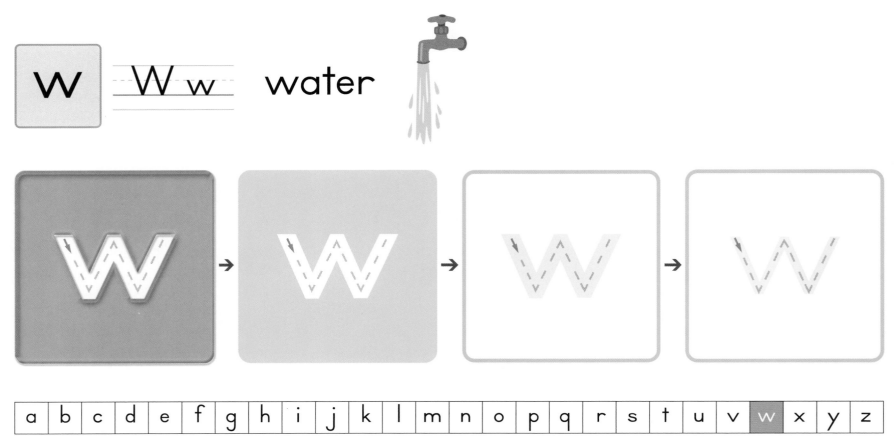

w   W w   water

a	b	c	d	e	f	g	h	i	j	k	l	m	n	o	p	q	r	s	t	u	v	w	x	y	z

■ Read the words aloud and trace the letters.

water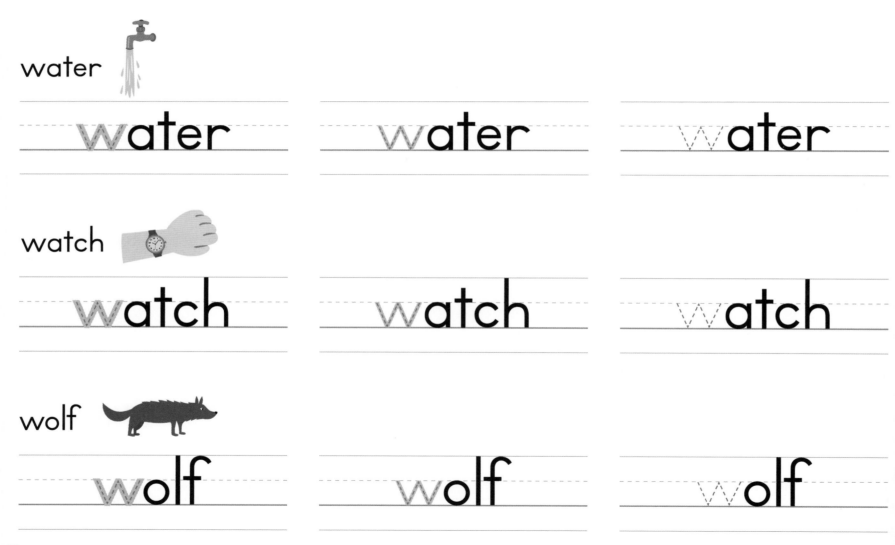

water   water   water

watch

watch   watch   watch

wolf

wolf   wolf   wolf

Writing r

■ Read the word aloud and trace the letters.

r   Rr   ring

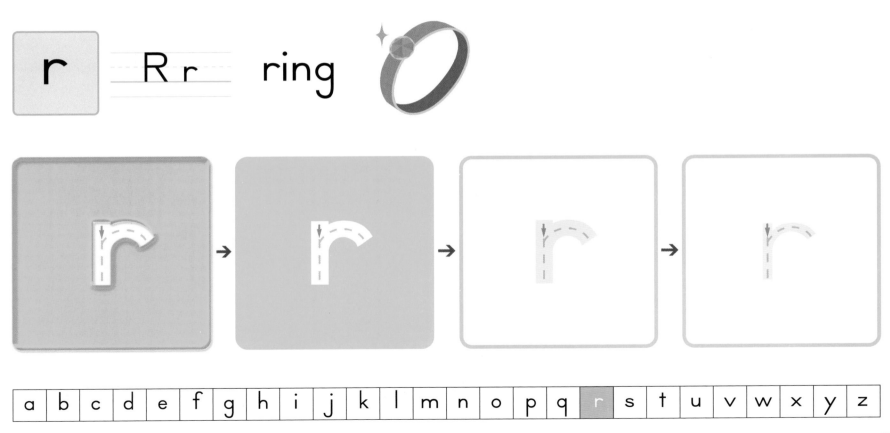

| a | b | c | d | e | f | g | h | i | j | k | l | m | n | o | p | q | r | s | t | u | v | w | x | y | z |

■ Read the words aloud and trace the letters.

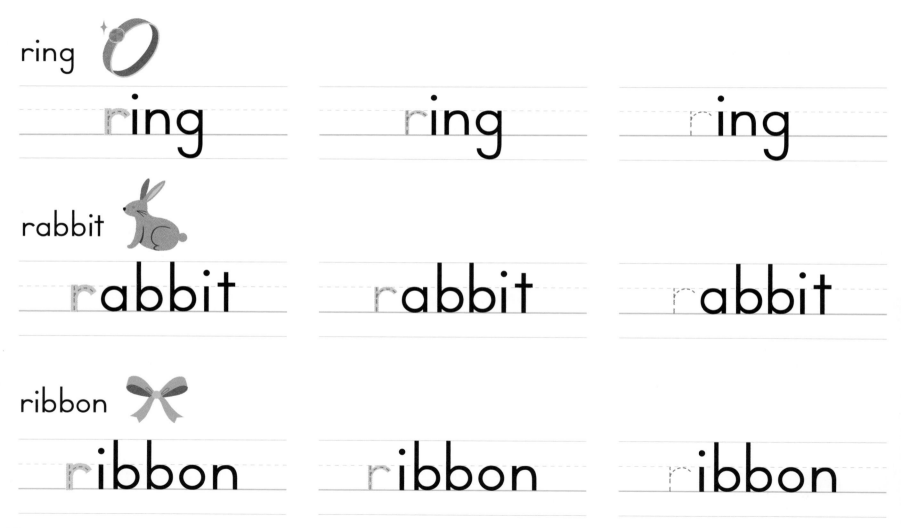

ring

ring ring ring

rabbit

rabbit rabbit rabbit

ribbon

ribbon ribbon ribbon

Writing n

Name

Date

■ Read the word aloud and trace the letters.

n   N n   nose

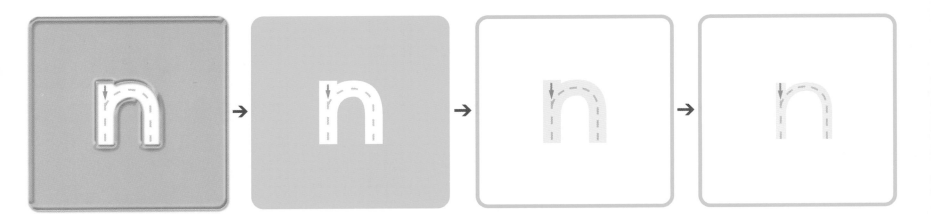

| a | b | c | d | e | f | g | h | i | j | k | l | m | n | o | p | q | r | s | t | u | v | w | x | y | z |

■ Read the words aloud and trace the letters.

nose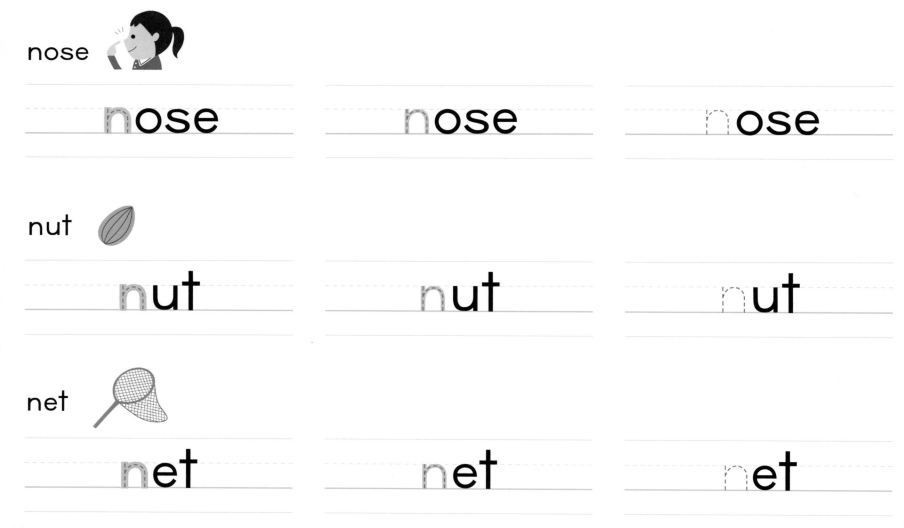

nose   nose   nose

nut   nut   nut

net   net   net

11 Writing h

■ Read the word aloud and trace the letters.

h   H h   hat

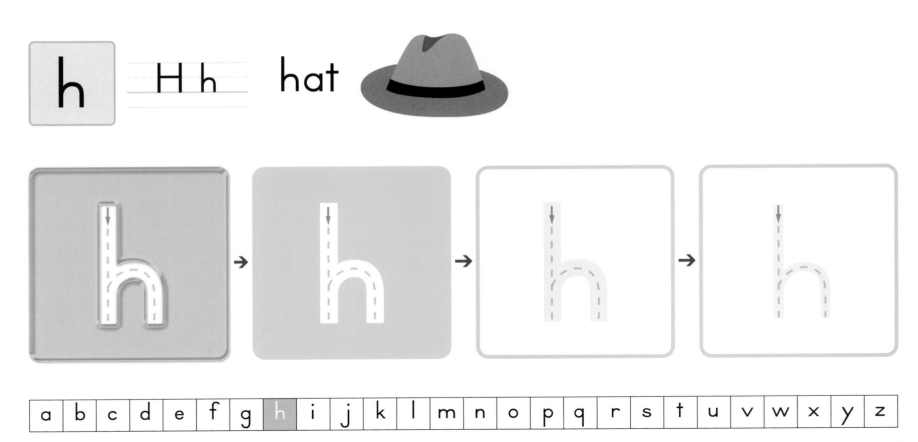

| a | b | c | d | e | f | g | h | i | j | k | l | m | n | o | p | q | r | s | t | u | v | w | x | y | z |

■ Read the words aloud and trace the letters.

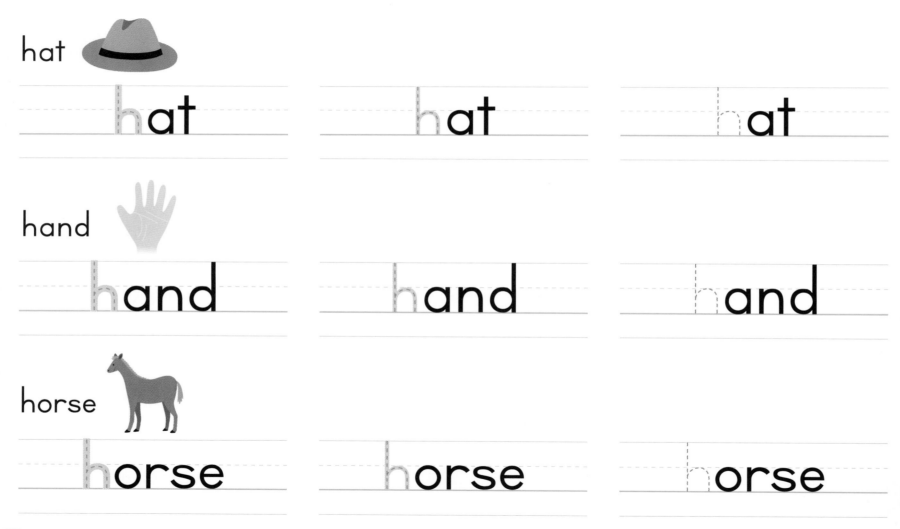

hat

hat   hat   hat

hand

hand   hand   hand

horse

horse   horse   horse

Writing m

■ Read the word aloud and trace the letters.

m   M m   milk

a b c d e f g h i j k l m n o p q r s t u v w x y z

■ Read the words aloud and trace the letters.

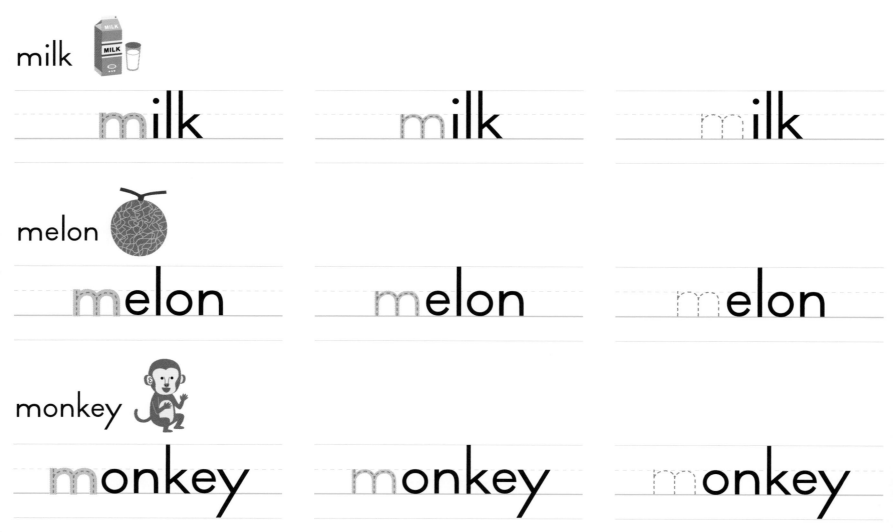

milk

milk   milk   milk

melon

melon   melon   melon

monkey

monkey   monkey   monkey

24

13 Writing x

■ Read the word aloud and trace the letters. Follow the order of the numbers.

x   X x   box

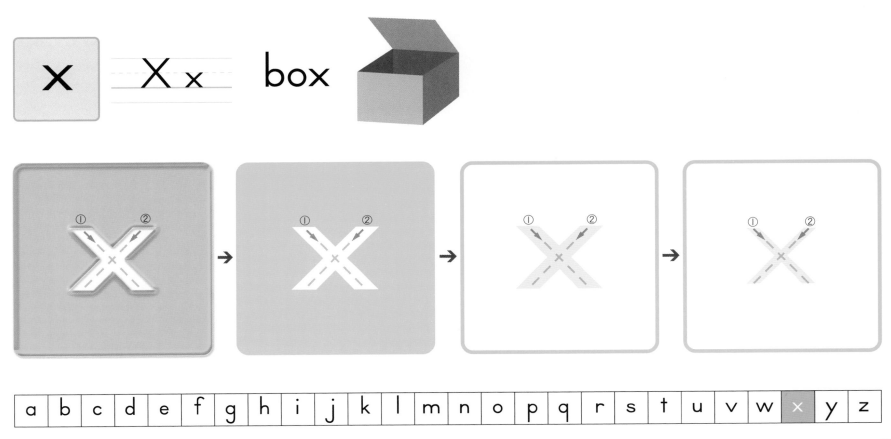

| a | b | c | d | e | f | g | h | i | j | k | l | m | n | o | p | q | r | s | t | u | v | w | x | y | z |

■ Read the words aloud and trace the letters. Follow the order of the numbers.

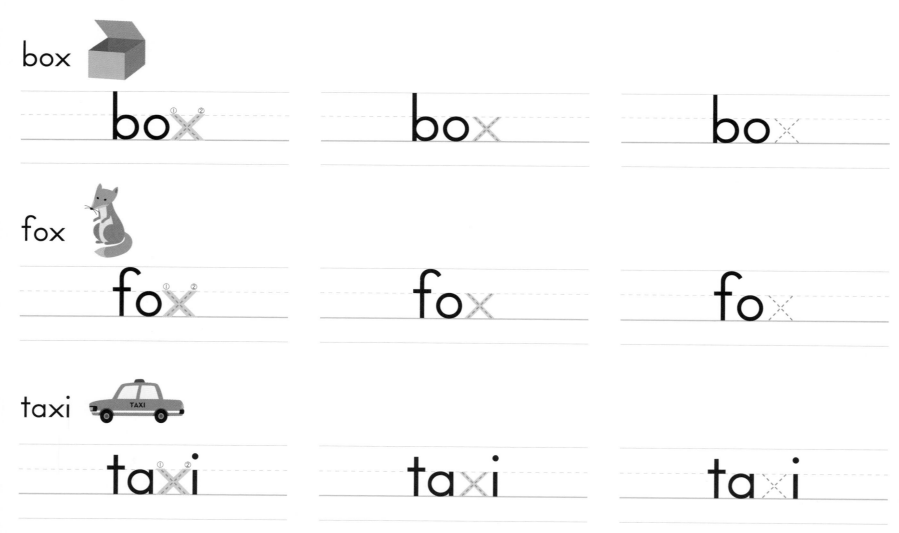

box

fox

taxi

14 **Review: Writing w, r, and n**

■ Read the words aloud and trace the letters.

water

water

watch

watch

wolf

wolf

ring

ring

rabbit

rabbit

ribbon

ribbon

nose

nose

nut

nut

net

net

Review: Writing h, m, and x

■ Read the words aloud and trace the letters.

hat

hat

hand

hand

horse

horse

milk

milk

melon

melon

monkey

monkey

box

box

fox

fox

taxi

taxi

Writing y

■ Read the word aloud and trace the letters. Follow the order of the numbers.

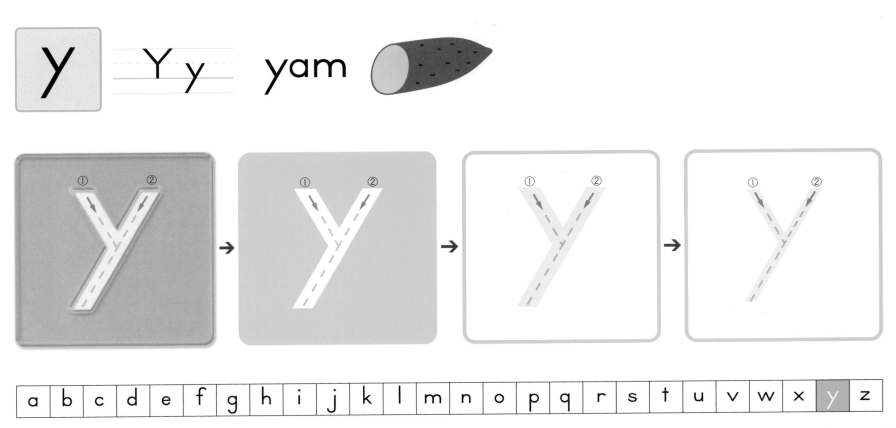

y   Y y   yam

| a | b | c | d | e | f | g | h | i | j | k | l | m | n | o | p | q | r | s | t | u | v | w | x | y | z |

■ Read the words aloud and trace the letters. Follow the order of the numbers.

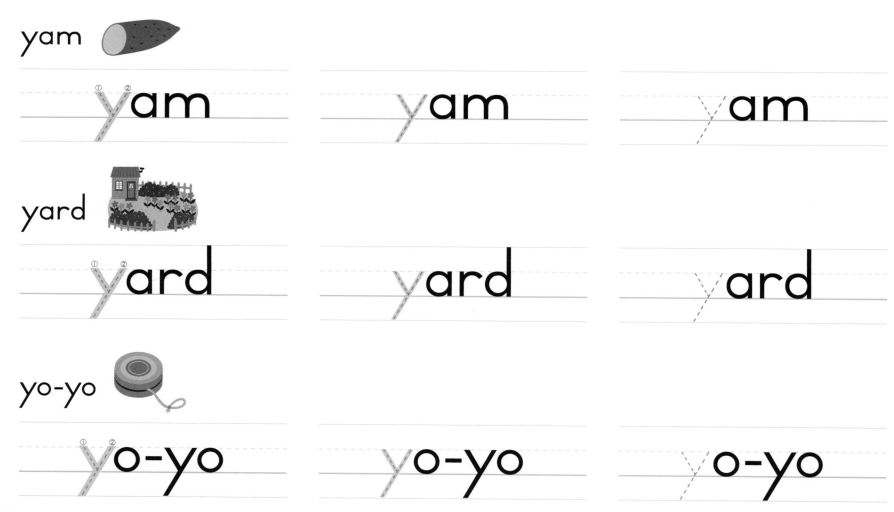

yam

y①am② yam yam

yard

y①ard② yard yard

yo-yo

y①o-yo② yo-yo yo-yo

Writing z

Name
Date

■ Read the word aloud and trace the letters.

z   Z z   zebra

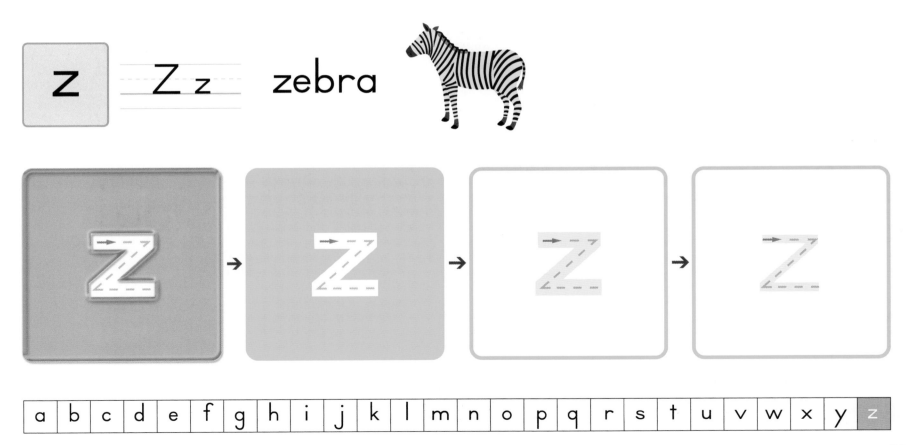

a	b	c	d	e	f	g	h	i	j	k	l	m	n	o	p	q	r	s	t	u	v	w	x	y	z

■ Read the words aloud and trace the letters.

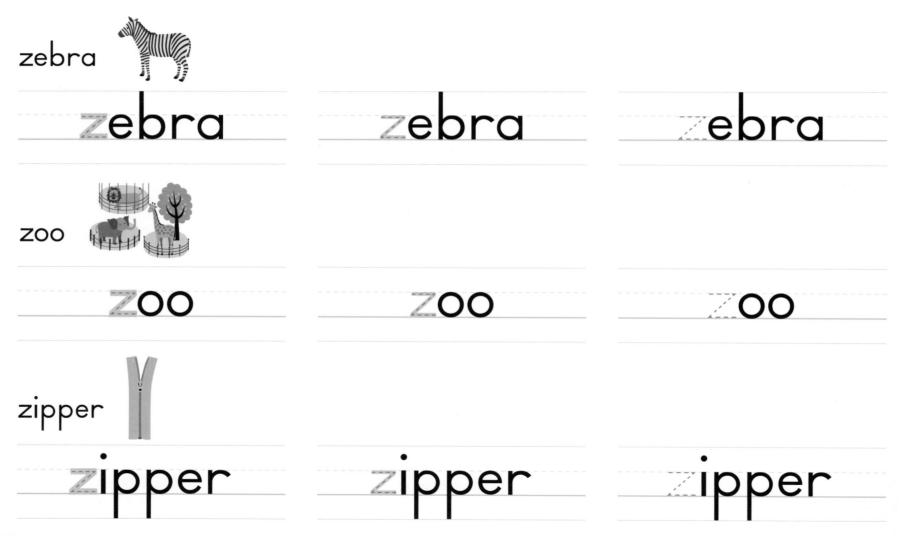

zebra

zebra   zebra   zebra

zoo

zoo   zoo   zoo

zipper

zipper   zipper   zipper

Writing k

■ Read the word aloud and trace the letters. Follow the order of the numbers.

k   K k   key

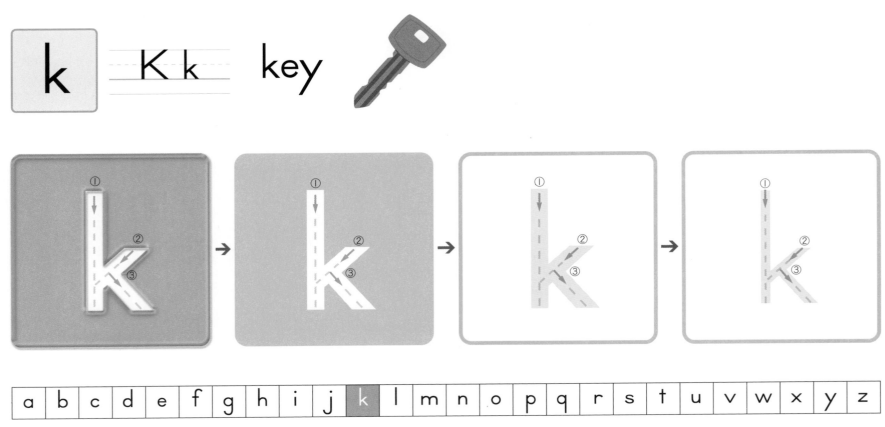

a b c d e f g h i j k l m n o p q r s t u v w x y z

■ Read the words aloud and trace the letters. Follow the order of the numbers.

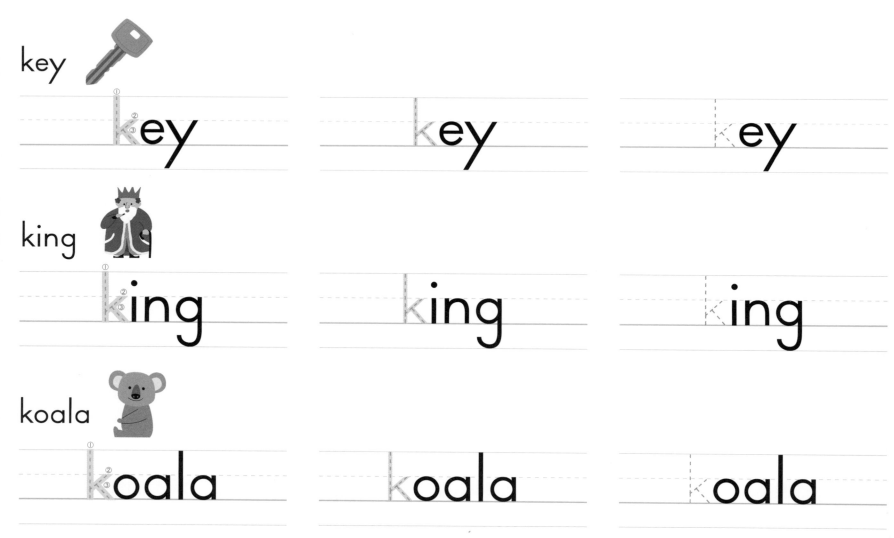

key

king

koala

18 Writing s

Name

Date

■ Read the word aloud and trace the letters.

s   S s   sun

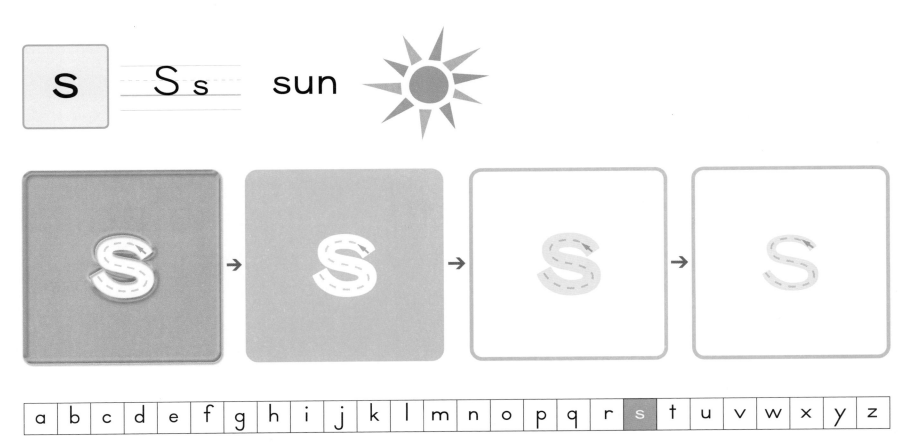

| a | b | c | d | e | f | g | h | i | j | k | l | m | n | o | p | q | r | s | t | u | v | w | x | y | z |

■ Read the words aloud and trace the letters.

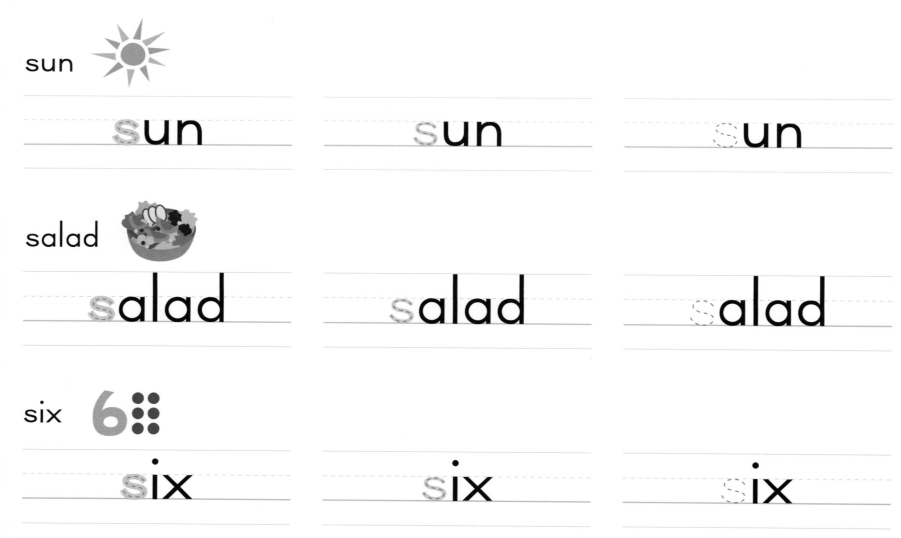

sun

sun   sun   sun

salad

salad   salad   salad

six

six   six   six

19 Writing c

■ Read the word aloud and trace the letters.

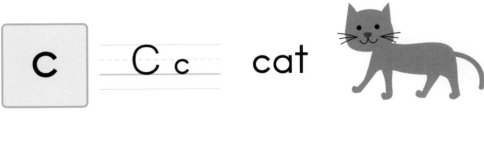

c   C c   cat

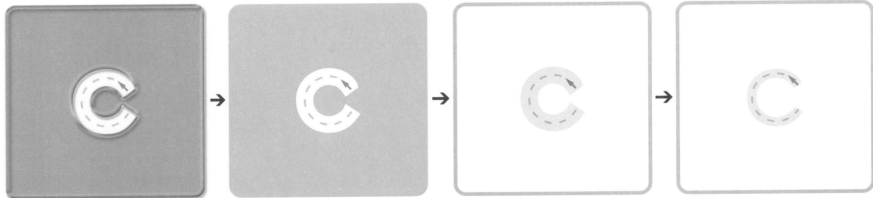

| a | b | c | d | e | f | g | h | i | j | k | l | m | n | o | p | q | r | s | t | u | v | w | x | y | z |

■ Read the words aloud and trace the letters.

cat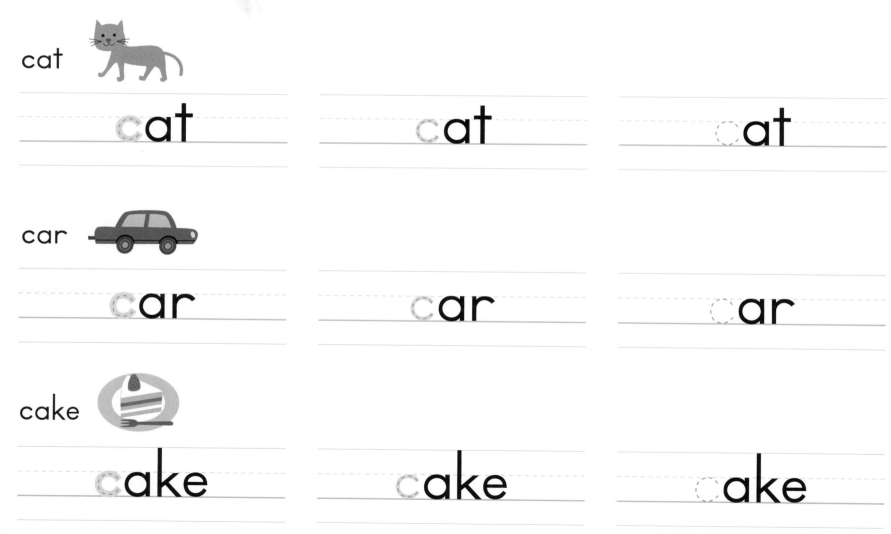

cat   cat   cat

car   car   car

cake   cake   cake

Writing o

Name

Date

■ Read the word aloud and trace the letters.

o   O o   orange

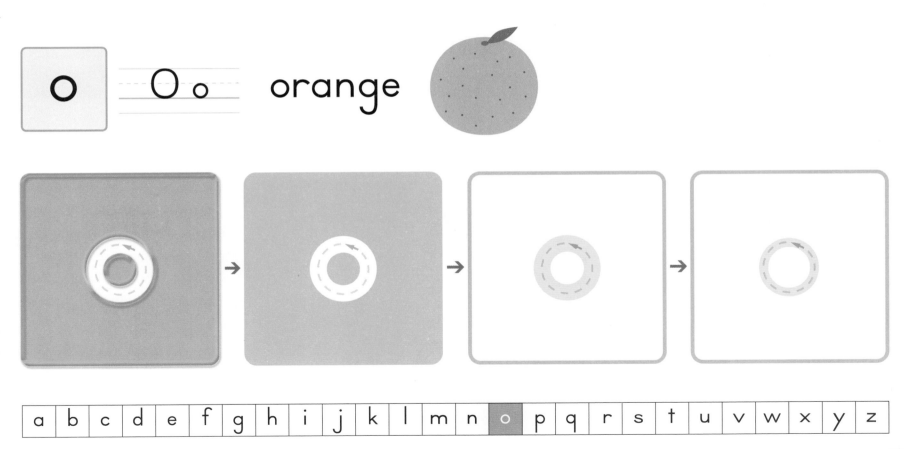

| a | b | c | d | e | f | g | h | i | j | k | l | m | n | o | p | q | r | s | t | u | v | w | x | y | z |

■ Read the words aloud and trace the letters.

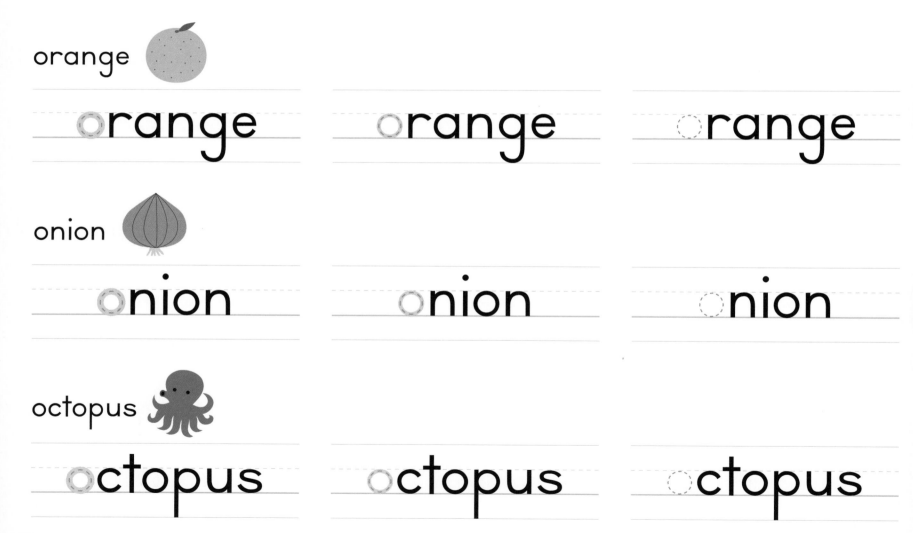

orange

orange orange orange

onion

onion onion onion

octopus

octopus octopus octopus

Review: Writing y, z, and k

■ Read the words aloud and trace the letters.

yam

yam

yard

yard

yo-yo

yo-yo

zebra

zebra

zoo

zoo

zipper

zipper

key

key

king

king

koala

koala

Review: Writing s, c, and o

■ Read the words aloud and trace the letters.

sun

sun

salad

salad

six

six

cat

cat

car

car

cake

cake

orange

orange

onion

onion

octopus

octopus

22 Writing e

■ Read the word aloud and trace the letters.

e   E e   egg

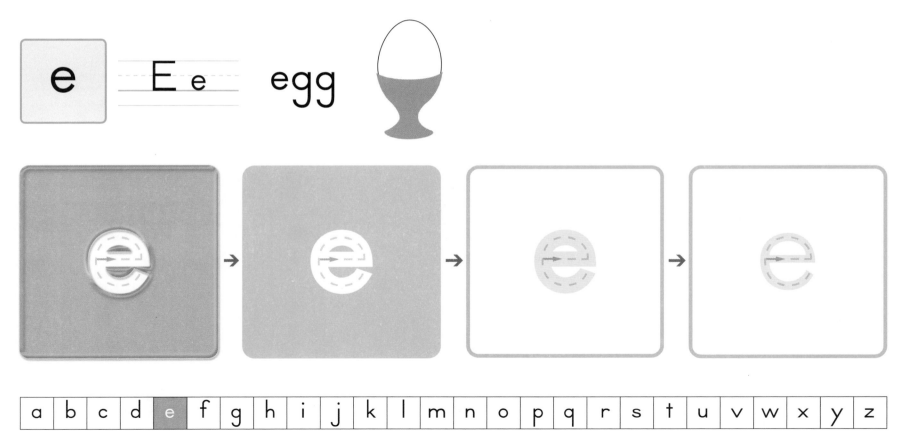

| a | b | c | d | e | f | g | h | i | j | k | l | m | n | o | p | q | r | s | t | u | v | w | x | y | z |

■ Read the words aloud and trace the letters.

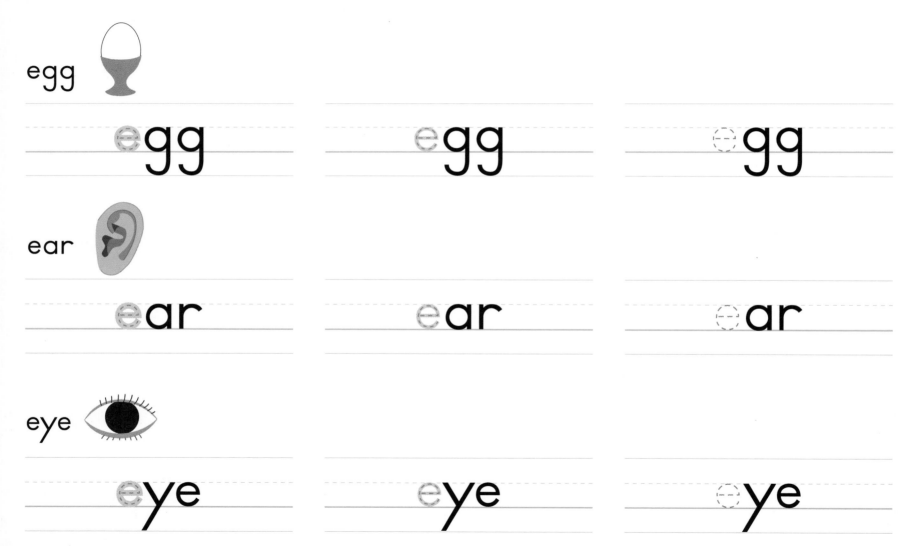

egg

egg   egg   egg

ear

ear   ear   ear

eye

eye   eye   eye

23 **Writing** u

■ Read the word aloud and trace the letters.

u   U u   umbrella

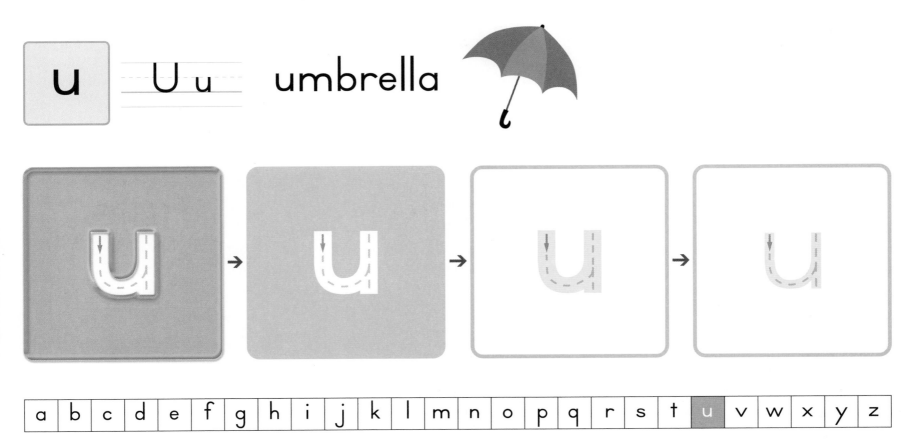

| a | b | c | d | e | f | g | h | i | j | k | l | m | n | o | p | q | r | s | t | u | v | w | x | y | z |

■ Read the words aloud and trace the letters.

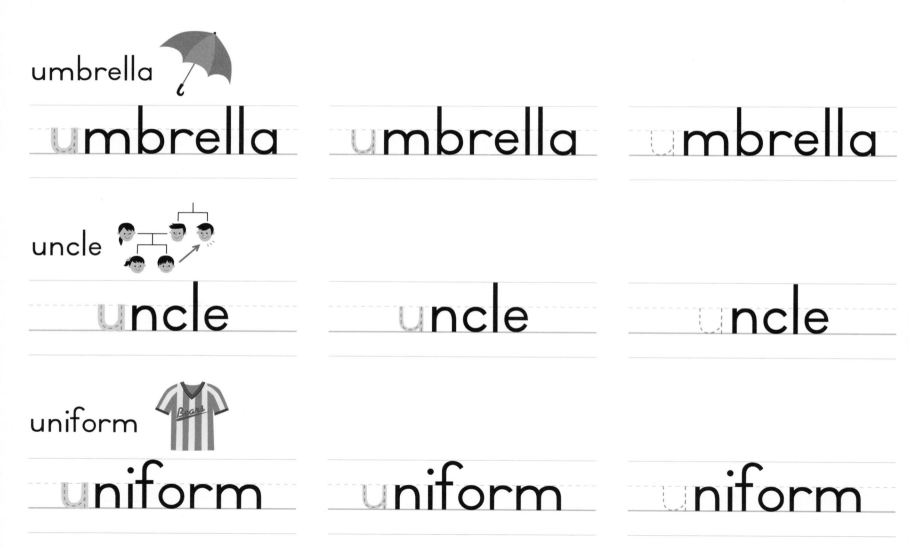

umbrella

umbrella   umbrella   umbrella

uncle

uncle   uncle   uncle

uniform

uniform   uniform   uniform

abc 24

Writing a

Name

Date

■ Read the word aloud and trace the letters.

a

A a

apple

a → a → a → a

a	b	c	d	e	f	g	h	i	j	k	l	m	n	o	p	q	r	s	t	u	v	w	x	y	z

■ Read the words aloud and trace the letters.

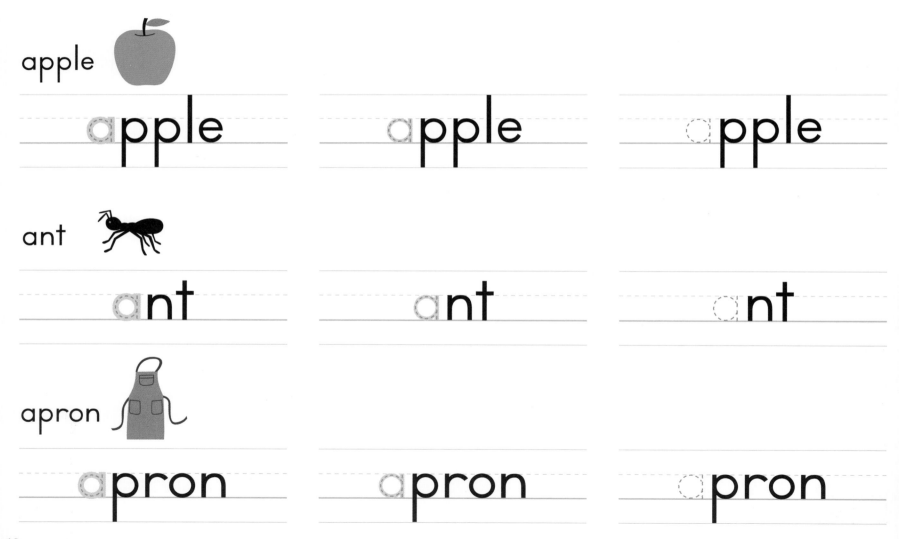

apple

apple   apple   apple

ant

ant   ant   ant

apron

apron   apron   apron

25 Writing q

■ Read the word aloud and trace the letters.

q   Q q   queen

| a | b | c | d | e | f | g | h | i | j | k | l | m | n | o | p | q | r | s | t | u | v | w | x | y | z |

■ Read the words aloud and trace the letters.

queen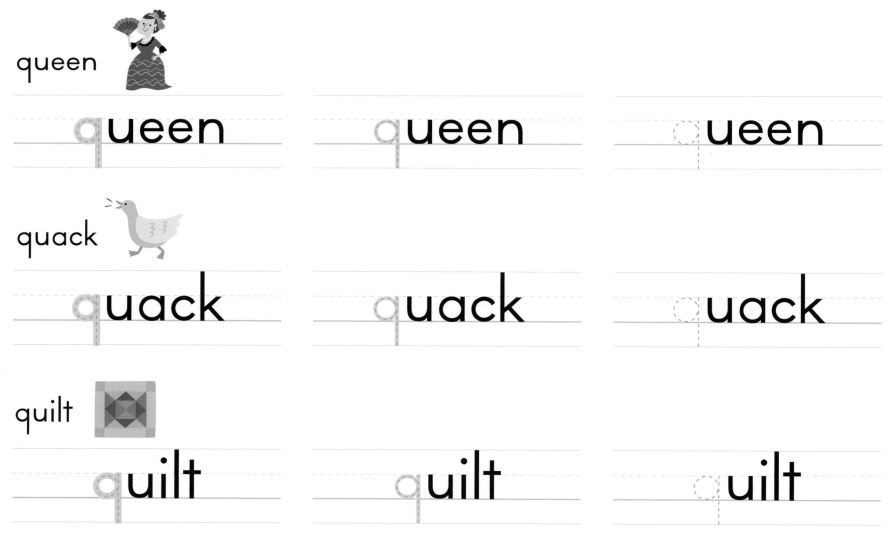

queen   queen   queen

quack

quack   quack   quack

quilt

quilt   quilt   quilt

50

26 Writing g

■ Read the word aloud and trace the letters.

g   G g   gift

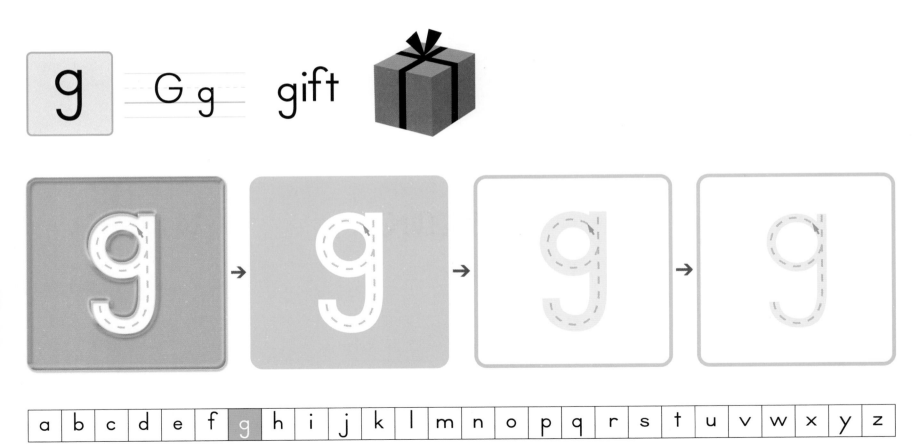

a b c d e f **g** h i j k l m n o p q r s t u v w x y z

■ Read the words aloud and trace the letters.

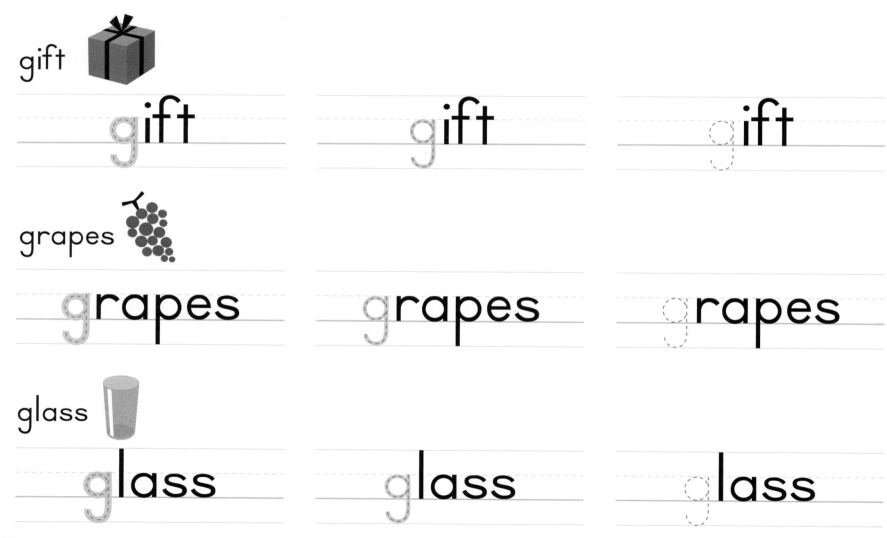

gift

gift   gift   gift

grapes

grapes   grapes   grapes

glass

glass   glass   glass

27 Writing d

■ Read the word aloud and trace the letters.

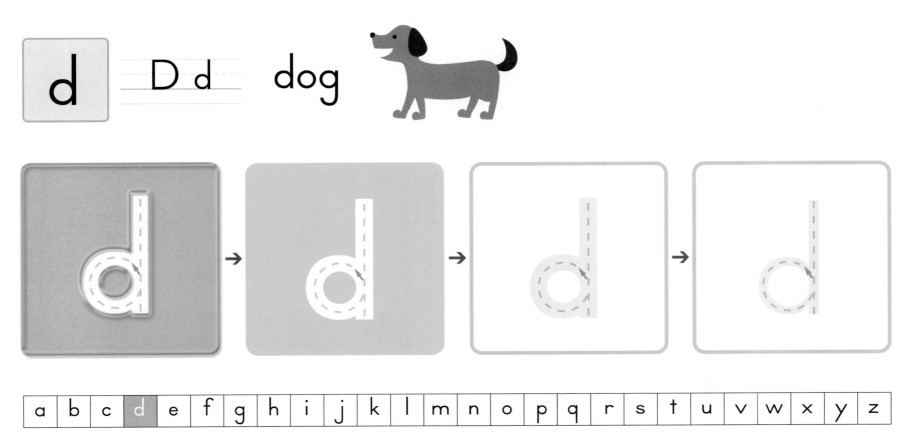

d   D d   dog

| a | b | c | d | e | f | g | h | i | j | k | l | m | n | o | p | q | r | s | t | u | v | w | x | y | z |

■ Read the words aloud and trace the letters.

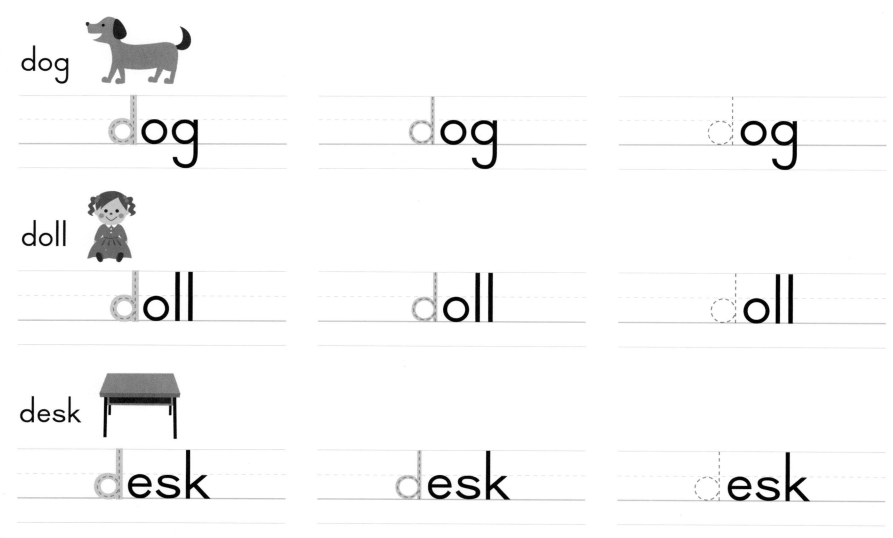

dog

dog   dog   dog

doll

doll   doll   doll

desk

desk   desk   desk

28 Writing b

■ Read the word aloud and trace the letters.

b   B b   bag

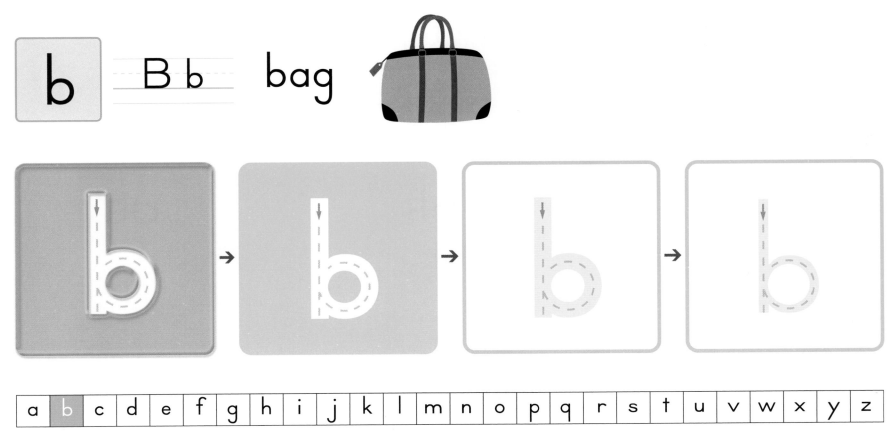

| a | b | c | d | e | f | g | h | i | j | k | l | m | n | o | p | q | r | s | t | u | v | w | x | y | z |

■ Read the words aloud and trace the letters.

bag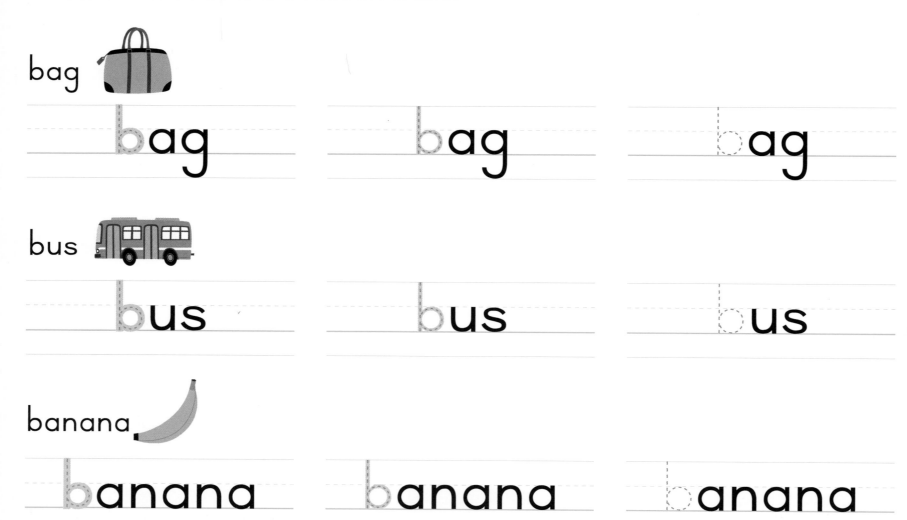

bag   bag   bag

bus

bus   bus   bus

banana

banana   banana   banana

29 Writing p

■ Read the word aloud and trace the letters.

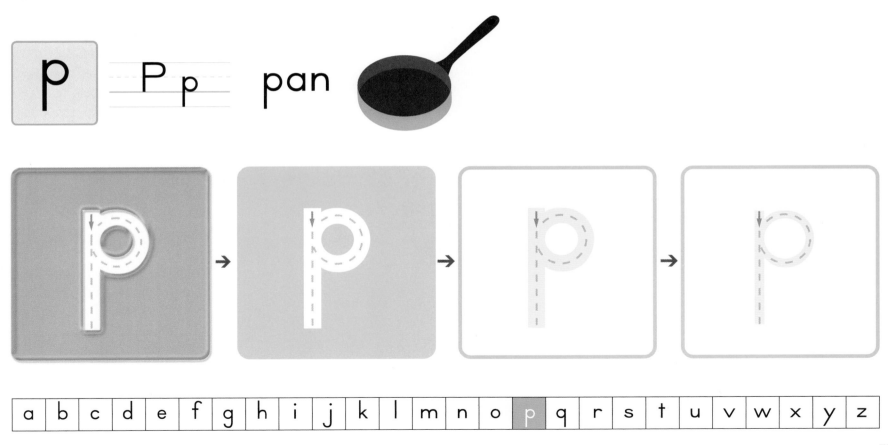

p   P p   pan

| a | b | c | d | e | f | g | h | i | j | k | l | m | n | o | p | q | r | s | t | u | v | w | x | y | z |

■ Read the words aloud and trace the letters.

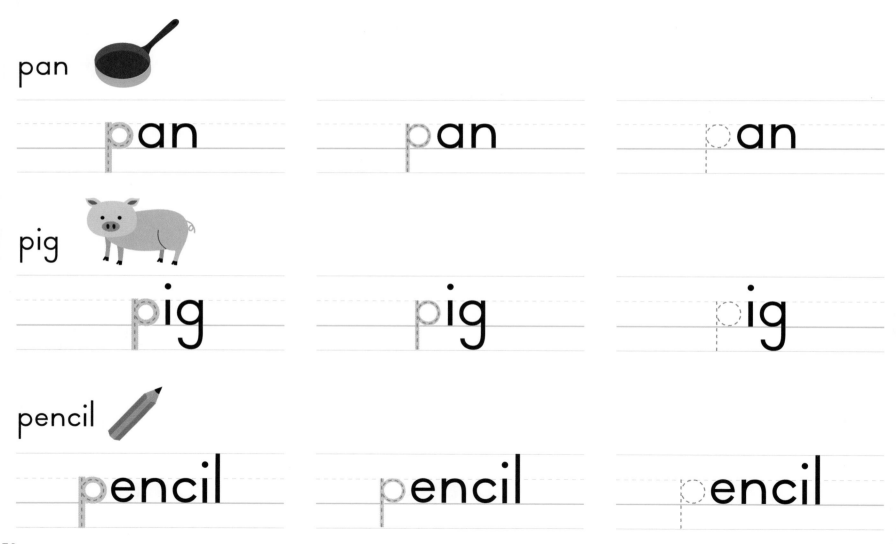

pan

pan   pan   pan

pig

pig   pig   pig

pencil

pencil   pencil   pencil

Review: Writing e, u, **and** a

Name

Date

■ Read the words aloud and trace the letters.

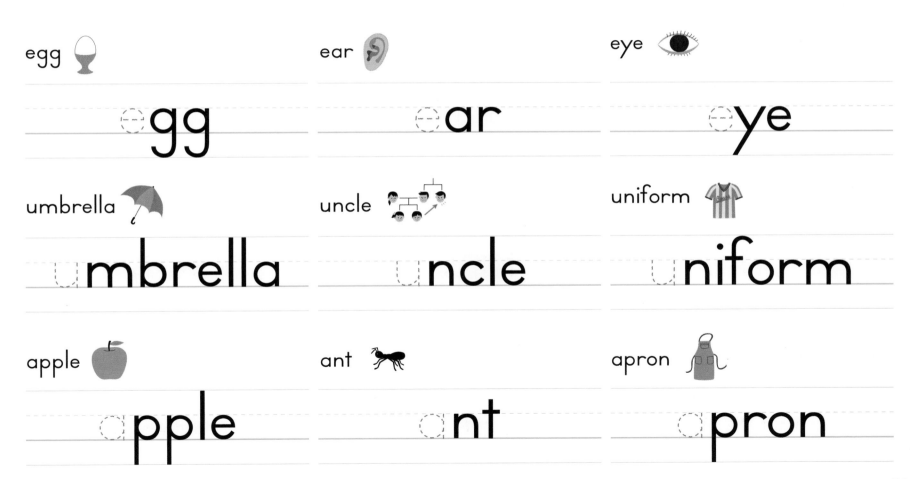

egg

egg

ear

ear

eye

eye

umbrella

umbrella

uncle

uncle

uniform

uniform

apple

pple

ant

ant

apron

pron

Review: Writing q, g, and d

■ Read the words aloud and trace the letters.

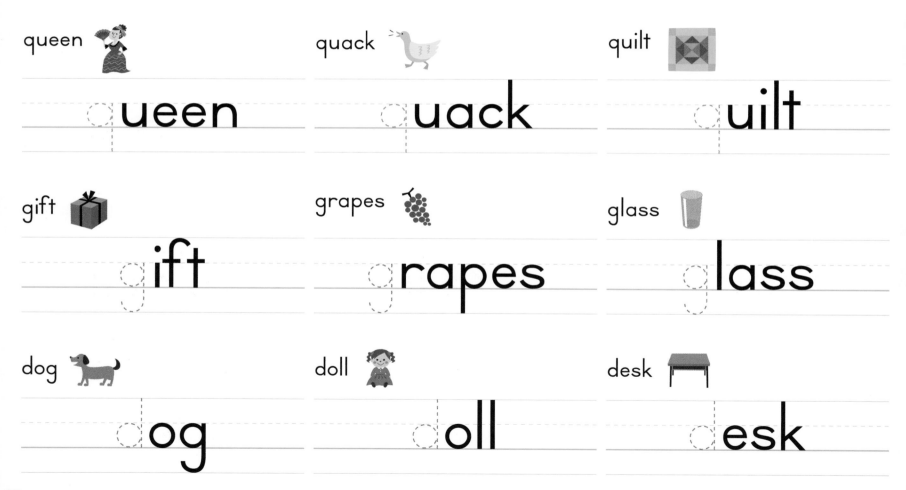

queen

queen

quack

quack

quilt

quilt

gift

gift

grapes

grapes

glass

glass

dog

dog

doll

doll

desk

desk

Review: Writing b and p

Name

Date

■ Read the words aloud and trace the letters.

bag

bag

bus

bus

banana

banana

pan

pan

pig

pig

pencil

pencil

Review: Writing a to z

■ Say the sound of the letters a to z as you trace them.

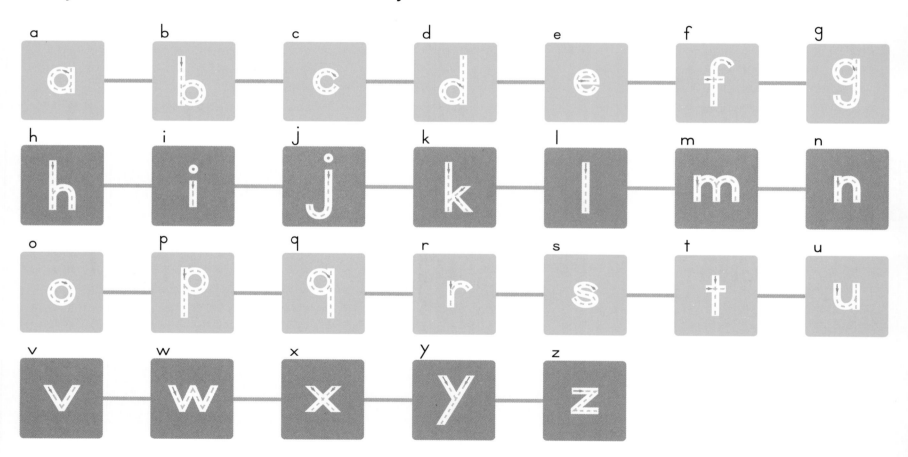

Review: Writing a to z

Name

Date

■ Trace the letters a to z.

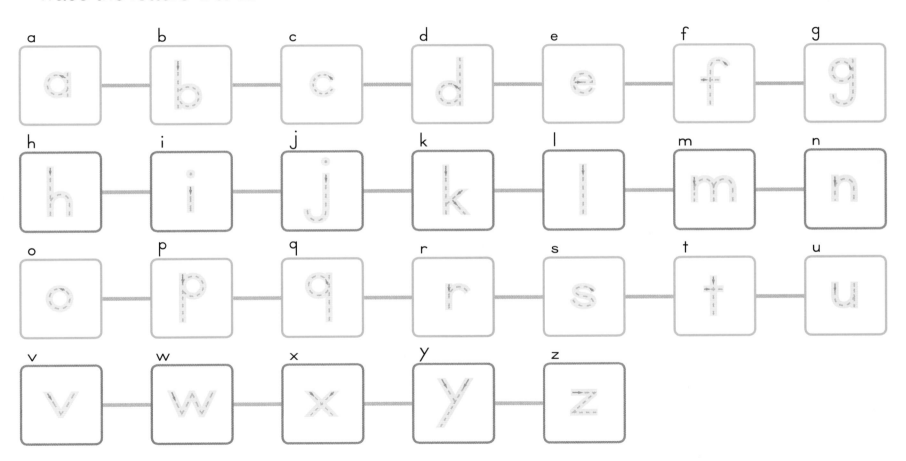

Review: Writing a to z

To parents
Please praise your child for the effort it took to complete this workbook. If he or she has mastered reading and recognizing the shapes of lowercase letters, your child should practice writing the letters with words.

■ Trace the letters a to z.

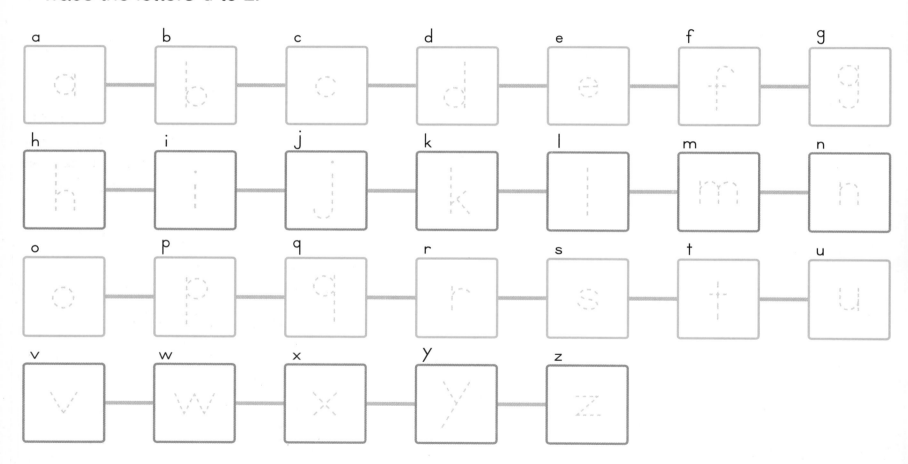